120 preguntas para alcanzar la vida que deseas

Laura Bueno

120 preguntas para alcanzar la vida que deseas / Laura Bueno. 1ª ed.

ISBN 978-1098500313

Contenido

Este libro está pensado para ti, que en un momento determinado de tu vida te sientes una persona perdida y no sabes cómo seguir adelante. También para ti que sientes que no llegas a todo. Y para ti que no estás perdida y que sabes que puedes llegar a algo mejor.

En definitiva a ti, que quieres salir de dónde estás en este momento, mostrar tu luz al mundo y no sabes cómo hacerlo.

"El problema de no hacer nada es que nunca sabes
cuando has terminado."

- Groucho Marx -

Introducción

*"Cuando un huevo se rompe desde fuera
se acaba la vida, sin embargo,
cuando se rompe desde dentro
comienza la vida.
Las grandes cosas siempre comienzan
desde el interior."*

Tienes ante ti un cuaderno de reflexión que te permitirá sacar a la luz lo que realmente quieres y romper ese "estado huevo" y estático en el que te encuentras, para dar lugar a una nueva luz, una nueva vida, más acorde a lo que realmente te apetece hacer en la vida. En este libro te propongo una serie de preguntas que te facilitarán una reflexión profunda de las diferentes áreas de tu vida, y sobre todo te van a enfocar en lo que realmente quieres.

Al responder estas preguntas te encontrarás con las respuestas que no te atreves a verbalizar. Escríbelas porque su puesta en papel te hará darte cuenta del punto del que partes y hacia donde quieres ir, lo que te ayudará a trazar la ruta para llegar a donde quieras. Sólo necesitas el mejor plan para ello.

Estas preguntas puedes planteártelas cada cierto tiempo de manera que puedas trazar tu ruta nuevamente en caso de que te hayas desviado de tu rumbo.

Estas cuestiones se dividen en varias áreas de tu vida, desde el punto de partida, a la familia, el propósito de vida, la salud, las relaciones y amigos, el ocio, la pareja y el amor, el trabajo y el dinero. Puede que en estos momentos estés en un equilibrio cómodo, o por el contrario mantengas tu enfoque en un área específica.

Quiero puntualizar una cosa, este cuaderno es para ti. Has de tener en cuenta que todo lo que escribas es correcto, no existen respuestas buenas o malas, no puedes cometer errores al responder. Revisar lo que has escrito te permitirá tomar consciencia del punto de partida y de tu verdadero punto de llegada. Conociendo eso, serás independiente para poder determinar, tu mejor camino hacia ese estado al que deseas llegar. Recuerda que estás hablando tú-ti-te-contigo, todas las respuestas son las mejores que puedes dar en este momento, y te ayudaran a realizar el mejor trayecto que puedas llevar a cabo en ahora. Cómo tu aprendizaje aumenta a medida que vas viviendo diferentes experiencias, volver al tiempo a realizar estas preguntas te permitirá ver tu evolución y ver cómo tu camino se alinea con tus valores.

Km 0

1. ¿Tengo la vida que quiero?

2. ¿Qué 3 palabras puedo usar para definirme?

3. ¿Qué 3 palabras utilizarían otros para definirme?

4. ¿Qué he superado que me llena de orgullo?

5. Cuándo pienso en felicidad, ¿qué es lo primero que me viene a la cabeza?

6. ¿Cuántas de las promesas que me he hecho he cumplido?

7. Si fuese a morir ahora, ¿tendría algún motivo para no hacerlo?

8. Si tuviera que dar un consejo a un niño, ¿cuál sería?

9. ¿Cuál es la primera cosa que cambiaría en mi vida?

10. ¿Rompería las normas por ser fiel a mis principios?

11. Olvidando mi edad, ¿cómo de joven me siento?

12. ¿Qué es lo que me diferencia de los demás?

13. ¿Qué es lo que me hace seguir adelante? ¿Qué es lo que me motiva?

14. ¿Qué hago cuando nadie me ve?

15. ¿Se ha hecho realidad alguna vez mi miedo más grande?

Familia

1. ¿Mi vida está yendo cómo yo quiero o simplemente me estoy dejando arrastrar?

2. ¿Cómo puedo desarrollar el mejor rol en mi familia?

3. ¿Cómo puedo solucionar la falta de tiempo que tengo para la vida familiar?

4. ¿Cuál es el legado que deseo transmitir?

5. Enumera las 3 mejores cualidades de 3 familiares cercanos. (Abuelos, padre, madre, tíos, hermanos, hijos, tíos, primos...)

6. ¿Cuál ha sido hasta el momento el mejor día compartido en familia?

7. Si fuera el caso ¿Cuál de mis comportamientos que no refleja mi verdadero yo deseo cambiar?

8. ¿Cuánto tiempo ha pasado desde que ocurrió algo de lo que me arrepiento profundamente?

9. ¿Qué actividades me gustaría realizar con mi familia ya sean más menudo o actividades nuevas?

10. ¿Qué tolero de mi familia que me quita energía?

11. ¿Cómo es mi relación familiar?

12. ¿Cómo me gustaría que fuese mi relación familiar?

13. ¿Qué puedo hacer yo para que el amor llene la vida familiar?

14. ¿Cómo podemos contribuir a la sociedad como familia?

15. Imaginando: Hoy es mi cumpleaños y acabo de cumplir ni más ni menos que 100 años. Además estoy en la mejor forma posible y con plena claridad mental, tengo una familia que te adora que viene a felicitarme. ¿Qué me dicen?

Propósito de vida

1. ¿Para qué hago lo que hago todos los días?

2. ¿Qué haría si no pudiera fracasar?

3. ¿Qué es lo que realmente me gustaría hacer con mi tiempo?

4. ¿Cuáles son mis habilidades y talentos?

5. ¿Qué hábitos me están deteniendo?

6. ¿Cuándo fue la última vez que ayudé a alguien?

7.   ¿Para qué estoy en este mundo?

8.   ¿Cuáles son mis metas?

9.   ¿Qué mejoraría o cambiaría en mi vida para darle un gran sentido?

10. ¿De qué soy una persona agradecida?

11. ¿Cómo puedo hacer de mi alguien mejor?

12. ¿Cómo puedo hacer del mundo un lugar mejor?

13. ¿En qué aspectos decido dejar de ponerme excusas?

14. ¿Que incluiría en un plan de acción para manifestar mis metas?

15. Si pudiera mandarle un mensaje al mundo entero, ¿qué me gustaría decir en 30 segundos?

Salud

1. En general, ¿cómo puedo definir mi salud? Mi salud es...

2. ¿He sufrido algún dolor corporal en los últimos 6 meses?

3. ¿Disfruto de 7-8h de sueño diarias?

4. ¿Tengo algún habito no saludable?

a) Tabaco

b) Alcohol

c) Comida procesada (refrescos, comida rápida...)

d) Dulces

e) Otras adicciones, ...

5. ¿Cuándo fue la última vez que fui consciente de mi respiración?

6. ¿Mi salud actual me limita para hacer alguna de estas actividades? (Respuestas: 1= Si, me limita mucho, 2= Si, me limita un poco, 3= No, no me limita nada)

a) Esfuerzos intensos: correr, levantar objetos pesados, participar en deportes intensos

b) Esfuerzos moderados: mover una mesa pasar la aspiradora, jugar a los bolos, caminar más de una hora...

c) Coger/ llevar la bolsa de la compra

d) Subir varios pisos por las escaleras

e) Agacharme o arrodillarme

f) Caminar un km o más

g) Caminar varias manzanas

h) Caminar una sola manzana

i) Bañarme o vestirme por sus propios medios

7. ¿Realizo alguna actividad física? ¿Con qué frecuencia?

8. ¿Qué nivel de satisfacción tengo en mi vida diaria (Valora del 1 al 10, siendo el 10 lo máximo)? ¿He evaluado otros enfoques para mejorar mi autoestima que no sean físicos?

9. ¿Qué porcentaje de verduras tiene mi dieta?

10. ¿Medito habitualmente para armonizar cuerpo, mente y espíritu?

11. ¿Qué objetivos puedo plantearme para mejorar?

12. ¿Soy una persona dispuesta a comprometerme conmigo? En una escala del 1 al 10, siendo 10 el máximo compromiso, ¿qué grado de compromiso tengo?

13. ¿Cuál es el mínimo cambio que puedo realizar con regularidad y que me ayude a lograr mis objetivos?

14. ¿Qué es lo que necesito para hacerlo?

15. ¿Cuándo lo voy a poner en marcha?

Relaciones y amigos

1. ¿Qué clase de relación mantengo con mis amigos?

2. ¿Soy el amigo que me gustaría tener?

3. ¿Qué clase de energía me transmiten mis actuales relaciones?

4. ¿Qué relación quisiera reparar, en caso de que haya alguna?

5. ¿Qué tipo de relaciones me gustaría tener en mi vida?

6. ¿Qué tipos de relaciones me roban energía?

7. *¿Cómo puedo aumentar y mantener mi red de contactos?*

8. *¿En qué ambientes o con quién me siento a gusto y en paz?*

9. ¿Con qué personas de mi entorno quisiera consolidad mi amistad?

10. ¿Con qué personas me gustaría recuperar el contacto?

11. ¿Sé estar sólo/a conmigo mismo/a?

12. ¿Con quién y en qué situaciones cedo mi poder personal?

13. ¿Cómo puedo mantener más contacto con las personas significativas?

14. ¿Cuál sería la contribución que me gustaría dar a las personas que conozco y a las que no?

15. Si hoy fuera el último día vida ¿qué haría y con quién?

Ocio

1. ¿Qué cosas nuevas he probado en el último mes?

2. ¿Qué actividades me encantaba hacer en mi niñez?

3. ¿Qué es lo que más me divierte y entretiene?

4. ¿Cuáles son mis aficiones?

5. ¿Qué es lo que más me relaja y permite centrarte?

6. ¿Sobre qué tema leo mucho sin resultarme tedioso o aburrido?

7. ¿Hay algo que no me animo a probar porque me saca de mi zona de comodidad?

8. ¿Qué hago bien que puedo mejorar todavía más?

9. ¿Qué me gustaría hacer de verdad con mi tiempo?

10. ¿Qué actividad estaría dispuesta a hacer día tras día sin cobrar nada a cambio?

11. ¿Qué me gustaría hacer que no hago, ya sea, por miedo o por su costo?

12. ¿Qué me gustaría dejar de hacer?

13. ¿Qué cosa hace que se dispare mi creatividad?

14. ¿Cómo me puedo mimar hoy?

15. Encontrando mi hobby:

- ¿De qué tiempo dispongo?
- ¿Qué materiales o recursos necesito?
- ¿Cuáles son mis gustos o conocimiento?

Pareja y amor

1. ¿Qué es lo que deseo de una relación de pareja?

2. ¿Qué es lo que admiro de mi pareja o quiero admirar en mi futura pareja?

3. ¿Qué cosas no quiero tolerar en una pareja?

4. ¿Qué me encanta /me encantará de mi relación?

5. ¿Qué puedo hacer para que la relación mejore?

6. ¿Qué tiene que ser/hacer/tener la otra parte para que relación actual mejore?

7. ¿Qué ha hecho la otra parte que no le he agradecido aunque se lo merece?

8. ¿Qué he hecho yo que no es agradecido por la otra parte?

9. ¿Qué me gustaría decirle, pero que por miedo o inseguridades no lo he hecho?

10. ¿Qué le falta a mi relación?

11. ¿Qué le sobra a mi relación?

12. ¿Puedo contar con mi pareja en el caso que haya problemas?

13. ¿Soy una persona satisfecha con la vida sexual que tengo? ¿Cómo puedo mejorarla?

14. Si el amor tiene 5 formas de expresión: palabras, tiempo de calidad, regalos, actos de servicio, contacto físico ¿En qué orden de preferencia quiero que me amen?

15. ¿Cómo entiende mi pareja actual o futura las expresiones de amor? Ordena la lista de las 5 formas de expresión del amor. (Palabras, Tiempo de calidad, Regalos, Actos de servicio, Contacto físico)

Trabajo y dinero

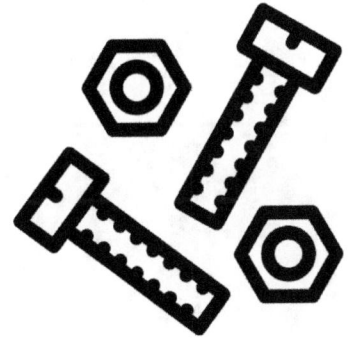

1. ¿Cómo puedo mantenerme al día de lo que ocurre en mi sector?

2. ¿Cuáles son mis expectativas profesionales?

3. ¿Dónde me gustaría trabajar en los próximos 3 años?

4. *¿Con quién me gusta trabajar?*

5. *¿Cuáles son mis pasiones?*

6. *¿Cómo puedo convertir mis pasiones en mi trabajo?*

7. ¿Qué es eso que podría hacer si no tuviera problemas de dinero?

8. ¿Qué actividades hago con regularidad que me ayudan a lograr mis objetivos?

9. ¿Qué habilidades necesitaré para avanzar profesionalmente?

10. ¿Qué tengo que lograr para lograr la libertad financiera que me permita vivir el estilo de vida que deseo?

11. Si dispusiera de 10 millones de euros o más ¿qué ocupación elegiría?

12. ¿Cuáles son los 3 mayores retos que podría afrontar en mi trabajo?

13. ¿Cuál es la cifra de ingresos para la que me he programado mentalmente?

14. ¿A qué edad quiero retirarme y con qué respaldo patrimonial y financiero?

15. Imaginando: Consigo el dinero que necesito para dejar mi trabajo y hacer eso que tanto deseo. Han pasado 3 años. Describe con detalles que es eso que has logrado por lo que te sientes orgulloso

El regalo

Espero te haya gustado responder a todas las preguntas de las diferentes áreas. En este capítulo, quiero darte este regalo, un ejercicio que podrás hacer tantas veces como quieras. Se llama la rueda de la vida, y te permitirá ver lo cerca que estas del estado de la vida que deseas y cuales son las áreas con las que tienes un mayor grado de insatisfacción.

Partiendo de ese punto podrás decidir sobre qué áreas quieres actuar primero, ya sea, por ser aquellas con las que estas más insatisfecha o por ser aquellas en las que una pequeña acción generaran un gran aumento de tu bienestar en esa área.

Lo que te propongo es sobre el círculo que te muestro a continuación identificar cada sección (parte) con los distintos aspectos importantes de tu vida. Tras esto valorar cada una de las áreas que has determinado, considerando que el centro de la rueda es el nivel más bajo y el exterior es el 10, el nivel más alto de satisfacción.

Algunas posibles áreas son: Familia, amigos, trabajo, salud, finanzas, pareja, éxito, ocio y diversión, espiritualidad, amor, formación, libertad, seguridad, apasionamiento, propósito de vida, autoestima, autorrealización, desarrollo personal, ambiente físico,...

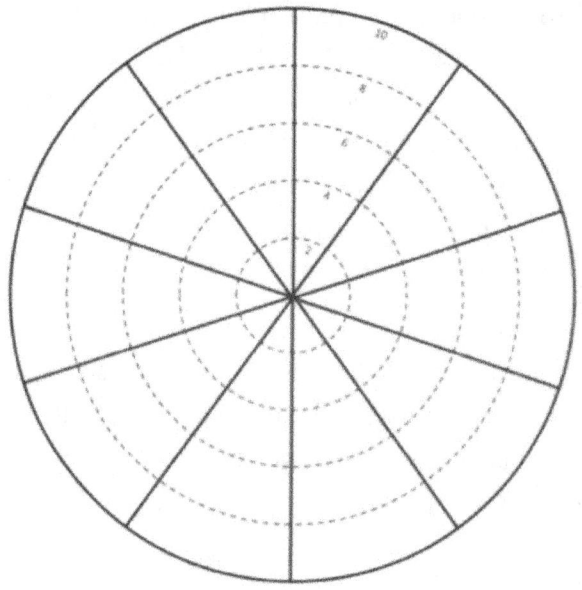

Con esto conseguirás tener una visión gráfica de cómo es tu vida en este momento.

Por último, permíteme regalarte un ejercicio más, en este caso me refiero a una lista de valores. Lo bueno de conocer tus valores personales es:

- *Te permite conocerte mejor y adquirir claridad mental y atención.*

- *Tomar decisiones.*

- *Vivir con integridad.*

Los valores suelen ser bastante estables aunque no son inamovibles.

En este ejercicio te propongo que elijas 10 de todos lo valores de la lista y los ordenes por importancia los que influencian más en tu vida.

Tras este primer paso redúcelos a 3. Esos 3 serán los que te guíen en tus decisiones, de manera que cuando estés en duda recordarlos te permitirá tomar la decisión adecuada.

Es decir, que si para tí el respeto a los animales es fundamental y eres vegano, puede que a la hora de elegir un trabajo tener esto en cuenta te facilite el no trabajar en una carnicería. Sin embargo, si por encima de ese valor tu valor primordial es el dinero, puede que seas una persona decidida a hacer cualquier cosa con tal de ganar dinero, o simplemente que la familia sea el valor principal y necesites cubrir sus necesidades básicas.

Así que, te recomiendo que te concentres y mires la lista con atención para identificar cuales son esos valores fundamentales que guían tu vida. Recuerda, estas seleccionando los valores que son importantes para tí, no los que te gustaría que fuesen importantes.

Abundancia

Aceptación

Actividad

Adaptabilidad

Afectividad

Agilidad

Agresividad

Alegría

Alerta

Altruismo

Amabilidad

Ambición

Amistad

Amor

Aprecio

Aprendizaje

Armonía

Riesgo

Arte

Asertividad

Atractivo

Atrevimiento

Audacia

Auto-control

Auto-respeto

Aventura

Belleza

Benevolencia

Bienestar

Calidad

Cambio

Caridad

Ciencia

Comodidad

Compasión

Competencia

Complejidad

Compostura

Compromiso

Conciencia

Conexión

Confianza

Conformidad

Congruencia

Conocimiento

Continuidad

Control

Convicción

Cooperación

Coraje

Creatividad

Crecimiento

Cuidado

Curiosidad

Dependencia

Desafío

Descansar

Descubrimiento

Destacar

Determinación

Diferencia

Dignidad

Diligencia	Generosidad
Dinero	Gratitud
Disciplina	Habilidad
Discreción	Heroísmo
Disposición	Humor
Diversión	Independencia
Dominancia	Individualidad
Educación	Influencia
Efectividad	Inspiración
Eficiencia	Inteligencia
Elegancia	Intensidad
Empatía	Intentar
Encanto	Introversión
Enseñanza	Intuición
Entretenimiento	Invención
Entusiasmo	Justicia
Equilibrio	Juventud
Espiritualidad	Lealtad
Espontaneidad	Libertad
Estabilidad	Liderar
Excelencia	Logro
Éxito	Longevidad
Experiencia	Madurez
Extroversión	Matrimonio
Fama	Modestia
Familia	Motivación
Fe	Naturaleza
Felicidad	Optimismo
Fortaleza	Orgullo
Fracaso	Originalidad
Ganar	Pasividad

Perfección

Perseverancia

Pesimismo

Placer

Poder

Popularidad

Pragmatismo

Preparación

Privacidad

Proactividad

Profesionalidad

Prosperidad

Prudencia

Pureza

Racionalidad

Rapidez

Realismo

Reconocimiento

Resistencia

Respeto

Responsabilidad

Sacrificio

Salud

Satisfacción

Persistir

Seguridad

Sensualidad

Sexualidad

Silencio

Simplicidad

Soledad

Solidaridad

Superación

Trabajo en equipo

Tranquilidad

Valentía

Verdad

Vigor

Visión

Vitalidad

Voluntad

Voluntariado

Confío en que esta reflexión te permita determinar los pasos a dar para alcanzar la vida que deseas, en caso que prefieras pasar a la acción con un acompañamiento personalizado y trabajar en tu proceso de forma individualizada puedes contactar con conmigo en:

Web: www.karismatia.com

e-mail: hola@karismatia.com

Instagram: laura_bueno_karismatia

Te deseo que alcances tus sueños,

que sueñes bonito,

que no dejes de soñar

y de perseguir tus sueños,

pues en ello tendrás la felicidad

de encontrar el sentido

a tu vida.

Laura Bueno